Johanna Sprügl

Beständige Unzufriedenheit

Ein humorvoller Ratgeber

Das Foto auf der Titelseite hat Deva Abhiyana Freitag in Arambol, Goa, Indien gemacht. Jemand hat dieses Bild an die Hauswand einer Touristen-Unterkunft gemalt. Es zeigt rechts einen Mensch, der eine Flasche der „Spirits" in sich hinein leert. Gleichzeitig ist die Person mit der Spiritualität, hier in Form eines liegenden Buddhas, verbunden. **„Spirits or Spirituality"** – saufen oder meditieren - das Gleiche und doch anders? Was passiert beim übermässigen Alkoholkonsum und was beim Meditieren? Wo verliere ich eventuell das Bewusstsein und wo werde ich unter Umständen mehr bewusst?

„Same same but different" ist ein Ausspruch, den wir auf unseren Asien-Aufenthalten oft gehört oder gelesen haben. Er weist uns darauf hin, dass etwas gleich und doch anders sein kann.
„Rooms available – **here and now"** ist eine Anspielung auf das viel zitierte „Hier und Jetzt".
Uns gefiel die humorvolle Art, wie der Künstler oder die Künstlerin den Unterschied zweier Lebensformen darstellt – sich zu besaufen oder vielleicht zu meditieren, - aber die Möglichkeit, dass es miteinander verbunden ist, nicht ausschliesst.

Links im Bild sehen wir die Signatur:
Gaba Captain Borderline 2009. Thank you Gaba!

Beständige Unzufriedenheit

Wie du sie kultivieren und erhalten kannst
Praktische Anleitungen, Tipps und Tricks

Dieses Büchlein wurde 2010 in Brugg (Aargau, Schweiz) geschrieben, bei unserem Freund und Gönner Hansruedi, der uns unterstützt und viel ermöglicht hat. Ein grosses DANKE an ihn.

Das Buch ist allen notorisch Unzufriedenen, inklusive mir selbst, gewidmet.

P.S. Die Verfasserin und Herausgeberin lehnt jegliche Haftung für durch die Lektüre dieses Ratgebers eintretende Folgen ab. Jede Person trägt die Verantwortung für ihre Handlungen und Unterlassungen selbst. Es ist von Vorteil, es mit einem Augenzwinkern von Paul Watzlawicks „Anleitung zum Unglücklichsein" zu lesen.

1. Auflage November 2011

2. verbesserte Auflage Februar 2014

Ein Weiser hat einmal gesagt:

„Es gibt nur zwei Katastrophen im Leben: die erste tritt ein, wenn deine Wünsche nicht erfüllt werden.
Die zweite, wenn sie erfüllt werden."

Dies ist die **Grundbedingung zum Unzufriedensein**: egal, ob deine Wünsche erfüllt oder nicht erfüllt werden: **du bist niemals damit einverstanden, was auch immer passiert!** Wird ein Wunsch zufälligerweise einmal erfüllt, so denkst du sofort, dass es doch wieder anders sein sollte, als es gerade ist. „Nein, so war das nicht gemeint!" Auf jeden Fall entdeckst du: es fehlt immer irgendetwas.

Der Grundsatz lautet: „**Ja, wenn ich das noch hätte**, dann wäre ich zufrieden!" Das ist wichtig zu betonen, damit die anderen dich bemitleiden. Das gehört zur Opferrolle. Aber davon später.

Da es sicher Männer *und* Frauen gibt, die das Unzufriedensein lernen wollen, spreche ich abwechslungsweise in männlicher und weiblicher Form, gemeint sind immer beide Geschlechter. Wahrscheinlich werde ich es nicht gerecht verteilen, das ist wunderbar, da kannst du vielleicht schon ein bisschen Unzufriedenheit spüren!

In der Schweiz gibt es das alte Kinderlied vom **Hans im Schneckenloch**:

„Der Hans im Schneckenloch hat alles, was er will. Und was er will, das hat er nöd, und was er hat, das will er nöd, der Hans im Schneckenloch hat alles, was er will."

Dies drückt ebenfalls sehr deutlich aus, wie die Unzufriedenen funktionieren. Was du hast, musst du ablehnen, und dem nachheulen, was du nicht hast. Bist du einer oder eine von ihnen, kannst du in den folgenden Seiten lernen, garantiert hundertprozentig unzufrieden zu bleiben. Bist du aber im Moment gerade zufrieden, kannst du lernen, wie du garantiert hundertprozentig unzufrieden werden kannst.

Die Unzufriedenen sind nur dann zufrieden, wenn sie so richtig unzufrieden sind. Dieser Spruch ist von mir.
Und jetzt geht's los!

Nein, doch noch nicht. (Merkst du schon ein leises Kribbeln? Ungeduld vielleicht? Ja? Gut! Es beginnt schon zu wirken!) Hinauszögern, Zaudern, nicht Weitermachen ist ein ausgezeichnetes Mittel, Unzufriedenheit zu erzeugen.

Wir werden noch einige mehr lernen. Mit ihnen werden wir die Eigenschaften fördern, die für das Unzufriedensein absolut unerlässlich sind. Besitzt du sie noch nicht, empfehle ich dir, fest zu üben! Am besten alles zusammen, und jeden Tag. Und keine Übung zu Ende führen. Und jeden Tag beenden mit dem Satz:

„Mist, ich hab heut gar nichts geschafft!"

Und eine Regel gilt es absolut zu beachten und zu befolgen:

Lachen verboten!

Ausser hämisches Schadenfreude-Lachen vielleicht. Aber dann muss es schon richtig dreckig klingen. Auf jeden Fall ist fröhliches Kinderlachen zu vermeiden, und halte dich aus Gesellschaftsspielen raus!
Pippi Langstrumpf spielte mit Thomas und Anika ein Spiel, an das ich mich gerade erinnere:
Alle drei Kinder mussten eine traurige Miene aufsetzen und immer wieder sagen, indem sie einander ansahen: „Ach, ich bin so tief, tief

traurig! Ach, ich bin so tief, tief traurig!" Du kannst dir schon denken, was passierte? Das Gleiche wie mit mir, als ich als junges Mädchen noch in die Kirche ging. Je stiller und andächtiger alle rundherum waren oder so taten, umso mehr musste ich den aufkommenden Lach Reiz unterdrücken. Und meine Brüder vorne als Ministranten sahen es und begannen ihrerseits, den Ärmel vors Gesicht zu halten!

Ein anderes Spiel war „Armer schwarzer Kater". Wir sassen oder standen alle im Kreis. Ein Kind kroch auf allen Vieren im Kreis herum, von einem zum anderen und musste auf die kläglichste Weise miauen, dazu Gesichter schneiden. Das angemiaute Kind musste das Katzenkind streicheln und mit todernster Miene sagen: „Armer schwarzer Kater!" Dabei war es verboten, zu lachen. Meist schaute die Katze so treuherzig und mitleidig, und jedes Mal, wenn sie miaute, musste wiederum gesagt werden: „Armer, schwarzer Kater!" Die meisten prusteten spätestens beim dritten Mal los – und waren dann selbst Kater.

Hüte dich also vor solchen und ähnlichen Spielen! Fröhliche, ausgelassene Menschen meide möglichst. Und wenn du schon dabei sein musst, kommentiere jedes Spiel auf die erdenklich schrecklichste Weise und ziehe ein **gelangweiltes oder griesgrämiges Gesicht**, um deinem **Missmut Ausdruck zu verleihen**.

Oder jammere, wie die Jugend doch schnell vorbeiging, und jetzt doch alles anders sei! Wenn du dich zu der jüngeren Generation zählst, bezeichne die anderen einfach als kindisch, das reicht auch, um dich zu distanzieren. Oder bemerke, wie doof, langweilig, unintelligent (ja, das ist gut! Unintelligent!) die doch spielten!

Wenn die unbedingt lachen wollen, sollen sie doch! Für deinen Weg zur Unzufriedenheit wäre das jedoch das Ende.

Hüte dich also davor!

Lachen absolut verboten!

So, nun aber zu den Mitteln, die meist ein Gefühl beinhalten oder ein bestimmtes Verhalten voraussetzen. Wir können diese Gefühle und das Verhalten in den neun folgenden Punkten einüben.

Inhalt

1. Lerne, dich als Versagerin zu fühlen

Um dich so richtig als Versager zu fühlen, beachte folgende Punkte rigoros und übe die Sätze täglich:

- **bremse** deine Kreativität

  sobald du Lust auf eine kreative Beschäftigung bekommst, sagst du dir einen der unten angeführten Übungssätze mehrmals, bis du ihn auswendig kannst. Dann gehe zu den nächsten über, und wiederhole sie oft, damit sie sich tief ins Hirn einbrennen!

- stelle dir ganz viele, verschiedene Aufgaben und **verzettle** dich damit

- zettle möglichst viel an, **mach nichts fertig**

- selbst wenn dir etwas gelungen sein sollte, vermiese es, anerkenne bloss **keinen Erfolg**

- bringe **Ironie** und **Zynismus** ins Spiel

- anerkenne keinerlei Aufgaben, die du schon gelöst hast

- traue dir keinen Erfolg zu

Übungssätze

Beginnen wir gleich mit einer Prise Zynismus, die sich gewaschen hat:

„Na, die Therapeuten sind ja allesamt Stümper, jetzt probiere ich mal eine Fünfundzwanzigjährige!"

„Das war ja höchste Zeit, dass du dir einen jungen Liebhaber schnappst. Du vertrocknest ja schon."

„Gut siehst du aus, erstaunlich für dein Alter, naja, bei deinem Lebenswandel ..."

„Nach den Ferien kannst du dich dann wieder auf deine Klienten stürzen!"

„So, hast du beim Jäten schön alle Blumen ausgerissen?"

„Was macht deine alte Mutter? Ist sie immer noch am Leben?"

„Ach, da muss ich noch dies und das dazu kaufen, und das ist mir zu teuer, und da brauche ich eine Ausrüstung, nein, nein, das ist zu umständlich!"

„Das ist mir ein zu grosses Risiko!"

„Ja, aber was ist, wenn es schiefgeht, ich lass es lieber bleiben!"

„Na, ich weiss nicht, ob das eine gute Idee ist, letztes Mal ist schon alles schiefgelaufen!"

„Das kann ich sowieso nicht."

„Das riskiere ich bestimmt nicht!"

„Ach, ich mache alles falsch!"

„Ach, mir gelingt ja doch nichts richtig!"

„Ich habe in meinem Leben nichts erreicht!"

„Ich weiss nicht, was mit mir los ist, immer mach ich alles verkehrt!"

„Was auch immer ich tue, ich kann's keinem Recht machen!"

„Mein Vater hatte Recht: aus mir ist wirklich nichts geworden!"

„Typisch, schon wieder habe ich mir einen unfähigen Mitarbeiter ausgesucht!"

„Mir gelingt doch auch, alles zu versauen!"

„Mein Vater sagte schon immer, ich sei ein Taugenichts. Wahrscheinlich hat er Recht behalten!" Dabei einen tiefen Seufzer ausstossen – weckt echt Mitleid!

Alle werden dich sofort vom Gegenteil zu überzeugen versuchen, aber dann darfst du auf keinen Fall nachgeben!

Womit wir beim nächsten Punkt angelangt wären:

2. Wir üben Sturheit, Dickköpfigkeit, Hartnäckigkeit

Um so richtig stur zu werden, beachte folgende Punkte rigoros und übe die Sätze täglich:

- **beharre auf deiner Meinung**, deinen Ansichten

- **versteife** dich auf alten Aussagen anderer

- **reflektiere auf keinen Fall**, was du tust oder sagst

- sieh deine Wünsche und **Träume als absolute Realität**

- **erwarte, dass sie sich erfüllen**

- **erwarte, dass andere sie dir erfüllen**

- steige niemals aus **alten Gewohnheiten** aus

- tu immer das **Gegenteil** von dem, was jemand dir rät

- tu, was jemand dir rät und mach ihn dann **für die Folgen verantwortlich**

- **gib es auf keinen Fall zu**, wenn sich deine Vorstellungen als Illusionen erwiesen haben

- **weigere** dich, deine Sehnsüchte als Gefühle zu erkennen

- mach andere dafür **verantwortlich**, dass es dir nicht gut geht

- übernimm unter keinen Umständen irgendwelche Verantwortung selbst

- gib **Widerstand** wo immer du nur kannst

- dein wichtigstes Wort ist: „**Nein!**" oder noch besser: „**Ja, aber** ..."

- möchte immer **das andere** und jammere dem nach, was du nicht haben kannst

- gib **nie** etwas zu, oder dass es dir **Leid tut**

- gib niemals zu, dass du dich **geirrt** haben könntest

- erlaube nicht, dass du im **Unrecht** bist

- **diene niemandem**

- anerkenne **keine (eigenen!) Fehler**

- **bereue nichts** (Achtung gefährlich! Dies könnte nämlich unter Umständen statt unzufrieden zu machen zu gänzlicher Zufriedenheit führen, weil es heisst: ich bin mit allem, was geschah, einverstanden. Deshalb sei hier ausdrücklich davor gewarnt! Am besten, du probierst es mal aus und siehst, wie es bei dir wirkt)

- **bereue nichts: habe keine Einsicht**

- **hege und pflege langjährigen Groll**

- **vergib niemandem**

- **schliesse niemals Frieden**

- **beharre auf Vergeltung, Rache**

- schaue möglichst, dass du **keine Dankbarkeit** empfindest und bedanke dich schon gar nicht bei irgendjemandem

- nimm Dienste anderer als **selbstverständlich** an und bessere daran immer etwas aus

- **schiebe Schuld auf andere** (nun gibt es ja Menschen, die nicht an Schuld glauben. Aber die Unzufriedenen müssen das tun, denn bei ihnen sind immer die anderen schuld an ihrem Elend!)

- übe **täglich Widerstand und Verweigerung** (siehe auch Punkt 9. Hinauszögern, Zaudern)

- **verweigere dich** sooft sich dir eine Gelegenheit bietet

- unternimm **keine Reisen**, und wenn, **vermiese** sie nach Strich und Faden

- **widersprich** immer, egal, was die anderen gesagt haben

Übungssätze

„Ich wollte immer in die Berge, aber sie wollte nicht!"

„Das haben wir schon immer so gemacht, und so machen wir das auch jetzt!"

„Immer willst du etwas anderes!"

„Das war nicht meine Schuld!"

„Das geschieht dir Recht!"

„Das verzeih ich dir nie!"

„Das vergesse ich niemals!"

„Das werde ich dir heimzahlen!"

„Du wirst ewig daran denken, wie du mich verletzt hast!"

„Also, die Chinesen (Amerikaner, Australier, Portugiesen, Italiener ... möglich sind alle Länder, die dir einfallen) sind unmöglich! Da fahr ich niemals hin!"

„Fliegen tu ich schon gar nirgends hin!"

„Die verpesten sowieso alle nur die Luft!"

„Nein, ich habe dir gesagt, das will ich nicht, und ich bleibe auch dabei!"

„Hier kriegen mich keine zehn Pferde weg!"

„Dort fahr ich auf keinen Fall hin!"

„Mein Grossvater hat schon immer gesagt ..."

„Aber du hast doch gesagt ..."

„Und genau so will ich es haben!"

„Ich und stur? Nie im Leben!"

3. Egoismus, Gier und Neid

Um ein richtig neidischer Egoist zu werden, beachte folgende Punkte rigoros und übe die Sätze täglich:

- **hilf niemandem**

- **achte nur auf dich** und deine Vorteile

- wenn du jemandem hilfst, mach ihn hinterher verbal **zur Sau**, indem du demjenigen oder derjenigen selbst, aber am besten anderen von seiner oder ihrer **Inkompetenz** lang und breit erzählst

- achte immer, wo du etwas **ergattern** kannst

- **dränge dich vor**

- **teile niemals** etwas mit anderen

- auch mitteilen, etwas von dir **preisgeben** solltest du **unbedingt vermeiden**

- ausser das unabdingbare **Jammern** und **Klagen**

- **sei dir gewiss, dass du niemals genug bekommst**

- sei dir bewusst, dass das ganze Egoistischsein nichts nützt, weil du **niemals genug** haben wirst.

Dies ist **wichtig zur Erhaltung der Unzufriedenheit. Gier und Neid** sind wichtige Begleiter der Unzufriedenen, ja sie untermauern die Unzufriedenheit und geben ihr Boden. Und umgekehrt nährt die Unzufriedenheit ja auch wieder Neid und Gier.

Übungssätze

„Alle denken nur an sich! Nur ich denk an mich!"

„Ich würde dir so gerne helfen, aber du weisst ja, ich hab selbst so viel um die Ohren!"

„Das ist doch die Höhe, wie der wieder absahnt!"

„Verdammte Sauerei, wie die mich übers Ohr gehauen haben!"

„Hast du schon wieder das grössere Stück genommen?"

„Mein Glas ist viel weniger voll als deines!"

„Wieso muss ich immer verlieren?
Ich habe nur den zweiten Preis gewonnen!"

„Hast du dem sein Auto gesehen!"

„Schau mal, der hat ja eine viel grössere
Portion auf dem Teller!"

„Was, die kriegt Unterstützung? So ungerecht!
Dabei steht *mir* das Wasser bis zum Hals!"

4. Lerne Pessimismus, Misstrauen, Argwohn

Um dich so richtig negativ zu fühlen, beachte folgende Punkte *rigoros* und übe die Sätze täglich:

- **traue niemandem**

- vermute hinter allem, was passiert, **das Schlimmste**

- sieh immer nur das **Negative** und gib es lauthals kund

- erwarte immer das Schlimmste und sorge dafür, dass es **eintrifft**

- lies jeden Tag die Zeitung, um dir zu beweisen, wie **schlecht die Welt** doch ist

- konzentriere dich dabei auf die **Katastrophen-Meldungen**

- zu positiv geratene, zufälligerweise aufbauende Artikel entlarve als **Lügengeschichten**

- wähne hinter allem eine **Lüge, einen Betrug**

- pflege den **Argwohn** – in allem wohnt das Arge, das Böse

- hege **Misstrauen** allen Menschen gegenüber

- **übertreibe**, wenn du schlimme Erlebnisse erzählst

Übungssätze

„In dieser Mahlzeit ist sicher kiloweise Gift und Kunstdünger!"

„Ich war sechs Tage im Lift eingesperrt!"

„Das war der schlimmste Winter aller Zeiten!"

„Ich sage dir, diese Reise war der reinste Horror!"

„Das ist doch eine verdammte Sauerei, was die Banken wieder treiben!"

„In keinen Park kann man mehr gehen ohne dass man belästigt wird!"

„Hast du gelesen, was der Präsident von … … wieder angestellt hat!"

„Wenn das so weitergeht, ist das das Ende."

„Das bedeutet den Weltuntergang."

„Ich ahne Schlimmes!"

„Spionierst du mir nach?"

„Willst du mich kontrollieren?"

„Wir werden nur noch hinten und vorne betrogen und belogen!"

„Jeder Politiker ist ein Gauner!"

„Das Geld reicht bestimmt nicht mehr bis zur Pensionierung!"

„Die nehmen dem Volk alles weg!"

„Die Welt ist doch nur noch ein armseliger Trümmerhaufen!"

„Der Mensch macht alles nur kaputt."

„So eine Schweinerei, jetzt kostet die Butter schon wieder fünf Rappen mehr!"

„Schau mal, wie wir wieder ausgebeutet werden!"

„Das Gemüse ist schon wieder teurer geworden!"

„Der Fluss ist ja nur noch eine Drecksauce!"

„Das kann doch nur schief gehen!"

„Da ist doch Hopfen und Malz verloren!"

„Die Wirtschaft ist gänzlich zur Sau."

„Die ruinieren uns komplett."

„Die bringen mich noch ins Grab!"

„Überall Abfallhaufen!"

„Sauerei!"

„Das kann doch nicht gut gehen!"

„Ich habe dir doch gleich gesagt, das haut nicht hin!"

Die Pessimistin schaut *nie* auf die Kehrseite der Medaille.

5. Die hohe Kunst des Nörgelns

Um eine richtige Nörglerin zu werden, beachte folgende Punkte rigoros und übe die Sätze täglich:

- unterdrücke niemals eine **fiese Bemerkung**

- **zementiere** deine Unzufriedenheit mit ständigem Nörgeln

- **sprich schlecht über andere**, am besten über alle Menschen, besonders die in deiner Umgebung

- finde an jeder Person sämtliche (und nur die) **schlechten Eigenschaften** heraus

- im Notfall **dichte** ihr welche an

- **kritisiere** alles und alle, aber stecke niemals Kritik ein

- finde immer und überall **etwas auszusetzen**

- mach ständig **Vorschläge**, wie es besser wäre, **setze aber nichts davon um**

- **jammere** überhaupt so viel und so oft wie möglich

- gib anderen **Ratschläge**, wie sie etwas machen sollten

- **vergleiche** sie mit anderen

- mache viele **Vorwürfe**

- kauf zu viel ein und **stöhne** über den übervollen Kasten

- oder umgekehrt: mach auf Sparen und **erschrecke** dich vor dem Anblick des leeren Kühlschranks

- fülle ihn auf und **empöre** dich, wie schnell die Ware wieder verschimmelt ist

- **verachte deinen Körper und finde immer etwas auszusetzen:**

- deine Brüste sind zu klein/ zu gross

- der Bauch zu fett

- der Hintern hängt

- die Oberschenkel zu dick, Orangenhaut

- die Waden zu dünn

- der Penis zu kurz/lang/dünn/dick

- die Nägel zu brüchig

- die Haare zu lockig/ zu strähnig/
  die falsche Farbe

- die Finger zu kurz

- der Teint zu blass

- zu viele Sommersprossen

- die Nase zu krumm

- die Füsse zu gross

- die Verdauung zu lahm, Verstopfung

- die Darmtätigkeit nervös, Durchfall

- beides abwechselnd! Schrecklich!

- die Periode zu unregelmässig

- die Ohren zu klein

- zu kurze Wimpern

- zu dünne, zu dichte Augenbrauen,
  Schlupflider (sofort operieren, dann über
  die Folgen der Operation klagen!)

- endlos fortzusetzen, deiner Fantasie sind
  keine Grenzen gesetzt

Übungssätze

„Dein Vater hat das viel besser gekonnt!"

„Ach, was hab ich alles schon versucht!"

„Das nützt doch überhaupt alles nichts!"

„Kannst du nicht einmal *das* anständig machen!"

„Das Geschäft sollte man besser so und so führen."

„Hast du gar keine Manieren!"

„Bohrst du schon wieder in der Nase!"

„Kannst du dir nicht einmal *das* merken!"

„Weisst du denn nicht, wie spät es schon ist!"

„Was ist denn in dieser Suppe für ein komisches Gewürz!"

„Pfui, hier stinkt es aber."

„Hast *du* den Tisch so schlampig abgewischt?"

„Sind das schon wieder deine Socken da am Boden?"

„Letztes Jahr waren die gebratenen Maroni aber viel knuspriger!"

„Das schmeckt ja abscheulich!"

„Was hast du da wieder zusammengebraut!"

„Der Film entspricht gar nicht der Beschreibung!"

„Du hast gesagt, es wird nicht regnen!"

„Jetzt hab ich ganz nasse Socken!"

„Was stehst du da herum! Ich weiss den Weg alleine!"

„Kannst du nicht einmal auf mich warten!"

„Wieso läufst du jetzt voraus!"

„Wieso läufst du mir davon!"

„Was schnüffelst du da herum!"

„Du interessierst dich wohl für gar nichts, was ich mache!"

Beim Nörgeln ist der Vorteil, dass du gleich sämtliche Familienmitglieder auch unzufrieden machst, ein Gratisgeschenk für sie sozusagen.

6. Schwelgen in der Opferrolle

Um dich so richtig als Opfer zu fühlen, beachte folgende Punkte rigoros und übe die Sätze täglich:

- **bemitleide dich selbst**

- fühle dich **benachteiligt und ausgenutzt**

- **schimpfe** auf das Schicksal, und wie **gemein** es zu dir ist

- mache dir ganz **viele Vorstellungen**, wie Menschen sein sollen oder Dinge geschehen und ablaufen sollten

- verlege Gegenstände und suche sie **missmutig**

- **verlege wichtige, persönliche Sachen und beschuldige andere des Diebstahls**

- **verlege Dinge** (Brille, Schere, Werkzeug) und beschäftige deine ganze Umgebung mit suchen Helfen

- lege deine Brille am besten auf einen Stuhl, setze dich drauf und **klage** dann darüber, dass sie **kaputt** ist

- **beleidige** eine Freundin und frage dann ganz **erstaunt**, was sie denn habe

- **vermeide** es, deine körperlichen Bedürfnisse zu erfüllen

- wenn es kalt ist, schlafe mit einer dünnen Decke und **beklage** dich am Morgen über die Kälte

- ist es dann jedoch wärmer, **stöhne** über die verdammte Hitze

- **jammere**, dass du zu wenig Geld hast

- **mache dir Sorgen**, wie du das Geld, das du hast, anlegen könntest

- gib deinen Eltern, Lehrerinnen und der Vergangenheit die Schuld an allem

- rede **undeutlich** und verursache damit **Missverständnisse**

- **verwechsle** Daten und Uhrzeiten bei Abmachungen

- tu dann ganz **erstaunt**, dass so etwas passieren konnte

- gib **ungenaue Anweisungen** und reagiere entsprechend ärgerlich, wenn sie falsch ausgeführt werden

- stifte **Chaos** mit **Beschuldigungen**

- **belege** alle Winkel der Wohnung mit deinen Sachen und beklage dich, dass du **nirgends Platz** hast

- **stöhne mehrmals täglich** oje, oje, ojemine

Übungssätze

„Immer rennen mir die Frauen weg!"

„Nie bleibt eine zum Heiraten!"

„Ach ja, als ich noch ein freier Mann war!"

„Ich muss noch unbedingt aufräumen, aber ich schaff das einfach nicht!"

„Die Zeit läuft mir davon, und ich muss noch so viel!"

„Die Tochter hilft mir nicht einmal!"

„Mein Rücken tut schon wieder weh!"

„Nicht einmal Torte darf ich jetzt mehr essen!"

„Das Leben ist so ungerecht!"

„Wieso trifft es immer mich!"

„Das hat doch alles sowieso keinen Sinn!"

„Alles bleibt immer an mir hängen."

„In meiner Familie ist so viel Schlimmes passiert!"

„Ich hatte so eine schlechte Kindheit!"

„Der Lehrer ist schuld!"

„Was haben wir durchgemacht!"

„Alle sind unfähig!"

„Immer muss ich alles alleine machen"

„Ich komme immer zu kurz!"

„Nie gewinne ich etwas!"

„Mein Lehrmeister war ein Schuft!"

„Die Händler sind sowieso alles Betrüger!"

„Ojeoje, bin ich schon wieder müde!"

„Ist das wieder ein Sauwetter!"

„Nein so etwas! Wo ist denn nur wieder meine Brille!"

„Wo hat sich bloss der Bleistift wieder versteckt. Oder hast *du* ihn vielleicht …!!!"

„Wer hat den Ball zuletzt gehabt? Her damit!"

„Wer hat meine Zigaretten geklaut!"

„Du machst es dir hier wohl gemütlich, was? – Und wo bleibe ich?"

Beklage dich über alles und alle, und wenn dann einmal zufällig alles stimmt, beklage dich, dass es nichts zu klagen gibt.

7. Besser als Gott und Göttin sein wollen: Die Perfektionisten

Um eine Perfektionistin zu werden, beachte folgende Punkte *rigoros* und übe die Sätze täglich:

- Stelle hohe Erwartungen und klage, dass sie keiner erfüllt

- stelle ganz **hohe**, aber nicht genannte, **heimliche Erwartungen** an die Menschen in deiner Umgebung, damit sie sie nicht erfüllen können und du genügend Grund zum Klagen hast

- stelle ganz **hohe Erwartungen an dich selber**

- setze dir **hohe Ziele**, die du nie erreichen kannst, damit du dich nachher gehörig darüber beklagen kannst

- **vergleiche** dich ständig mit anderen, am besten mit solchen, die du besser findest

- sei **kleinlich und pingelig** mit dir selbst und anderen

- denke dir so oft wie möglich das **Unerreichbare** aus und jammere dem nach

Übungssätze

„Das werde ich nie schaffen!"

„Mein Bruder hat schon längstens ein Haus und ein Auto!"

„Und ich? Was hab ich erreicht?"

„Ich hab`s doch zu nichts gebracht!"

„ Wenn ich schon was anfange, muss es perfekt sein, und das werde ich sowieso nicht schaffen!"

„Ist das alles? Das genügt nie und nimmer!"

„Schau dir das an, was soll das denn werden!"

„Das ist doch nichts!"

„Das ist nicht genug!"

„Nein, das geht nicht! So wird das nichts!"

8. Wie werde ich ein Hypochonder

Um dich so richtig krank zu fühlen, beachte folgende Punkte rigoros und übe die Sätze täglich:

- achte auf alle Körpersymptome, die dir eine **Krankheit suggerieren** könnten

- laufe wegen jeder Kleinigkeit zum **Arzt**

- **blase jedes Wehwehchen gross auf**

- nimm`s **nicht auf die leichte Schulter**

- nimm wegen jeder Kleinigkeit (die ja für dich keine ist!) **Pillen**

- mach **viele Untersuchungen**

- mache jeden **Gratis-Check** bei jeder Drogerie oder Apotheke mit

- lies viel über alle **neuen Krankheiten** und entdecke immer erste Anzeichen an dir

- informiere dich regelmässig über **neue Viren und registriere Symptome an dir**

- **beobachte deinen Körper genau und misstrauisch**

- vergiss nicht die **ansteckenden Krankheiten**

- sei dir bewusst, dass sie hinter jeder Ecke **lauern**

- **impfe dich gegen alles** und beklage dich über die Nebenwirkungen

- **impfe dich nicht** und beschwere dich über Krankheitssymptome

- mach die **Ärztin verantwortlich**

- vermute hinter jedem Schmerz **das Schlimmste**

- erzähle ständig von deinen **Leiden**

- breite deine **Leidensgeschichte** aus

- sei ständig **auf der Hut** vor neuen Bakterien

- sei ständig **auf der Hut** vor gefährlichen, schädlichen Lebensmitteln, Zusatzstoffen, Strahlungen, Umweltgiften, und ärgere dich über die unverantwortlichen Mitbürger, die dir so etwas zumuten

Übungssätze

„Wie`s mir geht? Ach, man schlägt sich durch ..."

„Die kalte Luft macht mir zu schaffen. Mein Husten, ach, du weisst ja ..."

„Ich hab gestern geniesst, bestimmt bekomme ich einen Schnupfen!"

„Letztes Jahr hatte ich um diese Zeit schon eine Grippe, die kommt bestimmt gleich."

„Ich gehe lieber nicht ins Konzert, da husten immer alle, ich könnte mich anstecken!"

„Fliegen ist grässlich! Da bin ich nachher immer total kaputt. Die Bakterien, die da herumschwirren!"

„Das Essen in fremden Ländern – nein danke, keine Hygiene – viel zu gefährlich!"

„Ich weiss nicht, ich fühle mich nach der Pilzsuppe so komisch!"

„Ist das Gemüse wirklich sauber?"

„Bestimmt hab ich mir den Magen bei der Pizza verdorben!"

„Das Wasser war sicher nicht abgekocht!"

„Der Tee schmeckt so eigenartig."

„Hast du dir die Hände desinfiziert?"

„Dieser Hund schaut so komisch, der hat sicher die Tollwut!"

„Waldspaziergang? Nein danke! Ich werde mir sicher eine Zecke einfangen, ich bleibe lieber zuhause!"

„Hast du dir die Hände gewaschen?"

9. Wir lernen das Hinauszögern, Zaudern und Zweifeln

Um dich so richtig gebremst zu fühlen, beachte folgende Punkte rigoros und übe die Sätze täglich:

- wenn du Ideen hast, setze sie auf **gar keinen Fall** um

- beginne **erst gar nicht** mit irgend einer kreativen Arbeit

- wenn du doch damit beginnst, **warte lange Zeit**, vielleicht **vergisst** du sie dann wieder

- **versprich viel** und oft aber **halte keine Versprechen**

- denke dir möglichst viel aus, was du **alles tun** könntest

- denke dir möglichst viel aus, was alles **schiefgehen** könnte

- überlege dir, wie viel **Umstände** alles machen würde

- ausserdem könnte es **nicht gelingen**

- oder die Leute könnten dich **auslachen**

- jemandem könnte dein Werk **nicht gefallen**

- oder du selber **magst es gar nicht**

- denk daran, dass es sich gar **nicht lohnen** würde

- rede viel von deinen **Plänen,** aber **setze sie nicht um**

- mache Pläne und **ändere sie wieder**

- mache **nicht den ersten Schritt, beklage** dich dann aber, dass sich keiner meldet

- **warte,** bis andere anrufen

Übungssätze

„Ich würde ja gerne ein Buch schreiben, aber wenn es sich dann gar nicht verkauft!"

„Ich sollte schon längst Ordnung in meine Fotosammlung bringen, aber das ist alles so mühsam!"

„Ach, die Zeit läuft mir davon, dabei sollte ich noch so viel machen!"

„Meine Nichte hat mir sonst immer geholfen, aber dieses Jahr hat sie gar nicht angerufen!"

„Ich komme zu gar nichts!"

„Ich wollte doch schon längst mal ans Meer, aber du weisst ja, wie das ist."

„Mir kommt immer was dazwischen."

„Ich bin mir da nicht so sicher, ob das funktioniert!"

„Ach, ich kann mich zu gar nichts entschliessen."

„Also, ich habe da so meine Bedenken!"

„Ich habe da so meine Zweifel!"

„Nie ruft mich jemand an!"

„Weisst du, ich stecke mir hohe Ziele, dann lasse ich alles liegen, renne weg, komme zu nichts!"

Schlussliste der wichtigsten Punkte zum Erinnern

Suche niemals die Stille auf, sei es in dir oder ausserhalb

Meide schöne, erholsame Plätze, vor allem in der Natur

Vermeide Farben, Schmetterlinge und Blumen

Halte dich von Kindern fern

Akzeptiere nichts und niemanden, schon gar nicht so, wie jemand ist

Lehne alles ab, was das Leben für dich bereithält

Finde in allem das Schlechte, das dir nicht bekommt

Seufze viel und regelmässig

Seufze laut und unüberhörbar

Spiele die Überraschte

Mime den Unschuldigen

Tu immens erstaunt

Übertreibe in allem masslos

Heuchle, was das Zeug hält

Mache überall Chaos und Unordnung

Verwirre die Menschen mit Lügen und Halbwahrheiten

Gib ihnen gegenteilige Informationen

Mache falsche Versprechungen

Mach dir um alles Sorgen

Kaufe viel, überziehe dein Konto

Mach auch sonst Schulden

Iss Fertig- und Fastfood-Produkte

Rauche und trinke viel, ich meine, Alkohol

Hänge tagelang vor dem Fernseher ab

Versenke dich stundenlang ins Internet

Meide frische Luft und Bewegung

Komm immer zu spät

Komm immer zu früh und beklage dich übers Wartenmüssen

An allem und allen zu zweifeln, ist ebenfalls eine gute Voraussetzung für Unzufriedenheit

Meide Beziehungen und Freundschaften, du wirst eh nur enttäuscht oder verlassen

Meide die Menschen, du weisst aus eigener Erfahrung, wie schlecht sie sind

Akzeptiere niemals, dass alle deine Wünsche, Träume und Sehnsüchte nur gefühlsverbundene Gedanken-Konstrukte, eine chemische Reaktion in deinem Hirn und nicht real sind

Meide die Gefühle, besonders die, die mit Freude verbunden sind

Meide den Frohsinn und die Leichtigkeit

Erinnere dich immer:

Spielen verboten!

Lachen verboten!

Geniessen verboten!

Sich freuen verboten!

Wichtige Wörter für die beständige Unzufriedenheit, die in die tägliche Umgangssprache und zwischenmenschliche Konversation eingebaut werden sollten:

muss

müsste

soll

sollte

eigentlich

immer

nie

hundert Mal

schon wieder

nicht einmal

endlich

zum x-ten Mal

wenigstens

anständig, brav, schlimm, böse

Fragen, die eigentlich Vorwürfe sind, deinen Mitmenschen jeden Tag an den Kopf zu knallen und **tonnenweise zu fluchen** dient deiner Sache ebenfalls kolossal. Damit kannst du nicht nur dich, sondern deine ganze Umgebung unzufrieden machen. Die Sätze wirken garantiert, aber du musst sie wirklich täglich anwenden!

Kannst du nie was richtig machen!/... zu Ende führen!"

Interessierst du dich eigentlich für irgendetwas!

Musst du so ein Durcheinander machen!

Wo bist du wieder mit deinen Gedanken!

Kannst du nicht besser aufpassen!

Wo bist du gewesen? Warum kommst du nicht rechtzeitig nach Hause!

Wie ist das denn passiert!

Hab ich dir nicht gesagt, du sollst die Schuhe im Vorraum ausziehen!

Kannst du nicht wenigstens einmal etwas ordentlich erledigen!

Hast du immer noch nicht aufgeräumt!

Immer vergisst du die Hälfte!

Hörst du (mir) eigentlich zu!

Du bist schon wieder zu spät!

Bist du noch zu retten!

Was ist passiert? Eine Katastrophe, wie du wieder aussiehst!

Nie schlägst du einen Film vor, der mir gefällt!

Pass ja auf, dass nichts passiert!

Nie hilfst du mir in der Küche!

Womit hab ich das verdient!

Wozu hab ich dich eigentlich geheiratet!

Wärst du bloss nie geboren!

Ich nehme dich nie wieder mit!

Du machst mein ganzes Leben zur Hölle!

Ihr seid die Nägel zu meinem Sarg!

Du patscherter Trampel, kannst du nicht aufpassen!

Du blindes Huhn, hast du keine Augen im Kopf!

Du terrischer (tauber) Haubenstock, hast du nichts gehört!

Ich hätte dich als Baby schon in der Badewanne ersäufen sollen!

Du bist gar nicht mein Sohn! Scher dich zum Teufel!

Selber schuld! Warum hast du nicht besser aufgepasst!

Schluss jetzt! Hör sofort auf zu weinen!

Achtung!

Gänzlich destruktiv zur Erreichung der Unzufriedenheit sind folgende Sätze. Die solltest du unbedingt vermeiden! Sie könnten so eine ekelhafte wohltuende, beruhigende Zufriedenheit, Sicherheit und Geborgenheit herstellen, dass einem graust! Absolut zu vermeiden!

Ach macht doch nichts, so was passiert schon mal!

Komm, das kriegen wir schon hin!

Miteinander geht es besser!

Schön, dass du da bist!

Ich bin sicher, du schaffst die Prüfung!

Wenn du heute nicht fertig wirst, machst du eben morgen weiter.

Sobald du aufgeräumt hast, können wir ein Eis essen gehen.

Schaffst du das alleine oder brauchst du Hilfe?

Was für einen Film möchtest du sehen, Schatz?

Wenn du willst, kann ich dir helfen.

Ich hab ein Buch ausgesucht, gefällt es dir auch?

Was hältst du von einem Spaziergang?

Mir ist es lieber, wenn du die Schuhe schon im Vorraum ausziehst, dann bleibt die Stube schön sauber.

Wenn du mir beim Geschirr hilfst, sind wir rechtzeitig für die Sportschau fertig.

Hast du dich verletzt?

Zum Glück ist nichts Schlimmes passiert!

Ich bin so froh, dass es dich gibt!

Ich freue mich auf dich.

Geniess es!

Viel Spass!

Mann, ist das schön mit dir!

Frau, womit hab ich dich bloss verdient – du bist einfach klasse!

Kinder, ihr seid das Beste, was mir in meinem Leben passiert ist!

Wie ihr das wieder hingekriegt habt!

Ihr seid eine grosse Hilfe!

Ihr seid wundervoll!

Es ist fantastisch!

Mega! Toll! Super!

Platz für deine eigenen Wertschätzungs-Sätze:

....
....
....
....
....
....
....
....
....
....
....
....
....
....
....
....
....
....

Du kannst deinen Kindern, dem Partner, der Partnerin einen Wertschätzungsbrief zum Geburtstag, zu Weihnachten schreiben. Aber Vorsicht! – Er könnte eine positive Wirkung haben!

Schlusspunkt

Befolge alles hier Aufgeführte. Übe täglich. Wiederhole die Sätze mehrmals, schreibe sie auf und hänge sie an den Kühlschrank zur täglichen Erinnerung. Mahne dich, wenn du etwas vergessen hast. Ich bin sicher, dass dir das Unzufriedensein damit bestens gelingen wird.

Und wenn nicht, kannst du dich ja *darüber* aufregen.

Epilog

Ach, was soll ich euch mit der Geschichte meines jahrelangen Kampfes mit der Unzufriedenheit langweilen! Ich mach's so kurz wie möglich. Oder doch ein bisschen länger? Da ist die Erinnerung an unendlich lange Jahre, die ich scheinbar mit Warten verbracht habe. Egal, wo ich mich befand, ich wartete. Voller Ungeduld. Voller Ärger, Wut und Frust.
Als Baby war das Warten auf die Mahlzeiten.
Aufs Gewickeltwerden.
Aufs Herumgetragenwerden.
Später Warten auf den Kindergarten und aufs wieder Nachhausegehendürfen. Warten auf die Geburt eines neuen Geschwisterchens. Und bis

Mutti aus dem Spital zurückkam. Bis Vati von der Arbeit kam. Warten auf die Schule. Und bis sie endlich fertig war. Warten, bis ich dran war. Beim Turnen. Bei der Vorspielstunde der Musikschule. Warten aufs Zeugnis. Auf die Prüfungsergebnisse. Warten aufs Erwachsen werden. Warten auf den Prinz. Auf den Heiratsantrag. Auf die eigenen Kinder! Drei mal neun Monate auf die Geburt warten! Warten, bis sie grösser sind. Bis sie eine Lehre beginnen. Bis sie ausfliegen. Bis ich frei bin. Reisen kann. Warten, warten, warten, warten! Ich hatte mein Leben mit Warten zugebracht! Ich habe mich in all diesen Jahren in Unzufriedenheit gesuhlt. Gelitten.

Und dann, endlich, das Erkennen: Die Ungeduld ist ein Gefühl in mir. Ganz alt. Schleppte es mit mir herum. Ungeduld und Unzufriedenheit. „Du bist ein Fass ohne Boden!", hat mir meine Mutter oft vorgeworfen. Ja, und ich habe immer versucht, es mit allem Möglichen zu füllen. Vergebliche Mühe, natürlich. Und dann der erlösende Satz mit fünfunddreissig: "Du hast nie meinen Vorstellungen entsprochen!" Da wusste ich, dass ich bis dahin angestrengt und immer vergeblich versucht hatte, den Vorstellungen anderer zu entsprechen. Ich war schuld an der Unzufriedenheit meiner Umgebung! Ich konnte ihren Vorstellungen, Wünschen, Ideen nicht entsprechen! Das machte mich unzufrieden.

Das Schlimmste: mit mir selbst! Als Kind und Kleinkind versuchte ich es so sehr, denn ich war auf die Liebe der Eltern und Lehrpersonen angewiesen. Kinder sind von Erwachsenen abhängig, darum versuchen sie alles, ihre Liebe zu gewinnen, also, sie zufrieden zu stellen. Wie schlimm die Drohungen: „Du bist zu gar nichts nütze!" und all die schrecklichen Sätze von vorhin!

Dann entdeckte ich, dass es mir besser ging, sobald ich sie erkannte und begrüsste. „Ah, dich kenne ich schon! Willkommen, meine alte Unzufriedenheit!" Wie musste ich lachen! Und schon verflüchtigte sie sich. Ich spürte zwar den Frust, aber ich litt nicht mehr darunter. Nicht mehr so viel.

Dann sagte ein Mensch zu mir: „Wie lange wollen Sie noch als Kleinkind herumlaufen!" und es machte wieder Klick. Von da an stellte sich das Bewusstsein schneller ein, und ich merkte es, sobald ich in den Zustand der Unzufriedenheit rutschte.

Dann brachte mich ein Gespräch mit meinem älteren Bruder auf noch etwas. Er war ein notorischer Unzufriedener, von dem einige Sätze im Buch stammen. Anfänglich wollte ich ihn therapieren, merkte dann aber, dass es gar nicht darum ging, ihm zu helfen! Wir erkannten gemeinsam, dass wir die immer wiederkehrende Unzufriedenheit nicht ausmerzen konnten.

Sie gehörte zum Leben. Sie würde immer wieder auftauchen. Schlussendlich geht es doch nur darum, diese Unzufriedenheit zu akzeptieren, nicht?

Einige Zeit später hatte ich plötzlich die Klarheit, dass die Unzufriedenheit, mit der ich mittlerweile einigermassen im Einklang lebte – so gut das möglich war – nichts anderes war als unerfüllte Sehnsucht.

Sehnsucht, die nie, weder von aussen noch von innen, vielleicht erst im Tod, aber vielleicht nicht einmal dann, nie, nie erfüllt werden würde. Ich wusste nicht, warum das so war, ich wusste nur, dass es so war. Ich weinte. Meine Unzufriedenheit hatte auf einmal ein sanftes Gesicht bekommen. Statt Ärger, Wut und Frust war Trauer da.

Und plötzlich kam die Lachlust. Glücksende Lachlust vom Bauch heraus. Glucksende wollte ich schreiben, schöner Tippfehler. Es fühlte sich glücklich an. Friede. Von da an hatte ich nie mehr Frust. Irrtum. Natürlich war ich immer noch ab und zu unzufrieden. Aber ich litt nicht mehr so viel darunter. Ich machte weder mich noch andere verantwortlich. Ich wusste, wie sie entstand und wie ich sie früher unbewusst genährt hatte. (siehe Übungen).

Ich hatte über die Funktionen der rechten und linken Hirnhälften gelernt, und wusste um den Einfluss der Sprache (die Sätze).

Ab da ärgerte ich mich weniger häufig, erkannte noch schneller, wann ich in Unzufriedenheit fiel, und sah zu, wie sie wieder verschwand. Und – ich wartete nicht mehr. Damit meine ich nicht, dass ich davonlief!
Nein, jede Wartezeit betrachte ich jetzt als willkommenes Geschenk. Atempause. Auszeit. Zeit für mich. Stille. Welch ein Wunder! Warten heisst, ich geh in den Garten. – Hab ich von einer meiner Schwestern gehört.

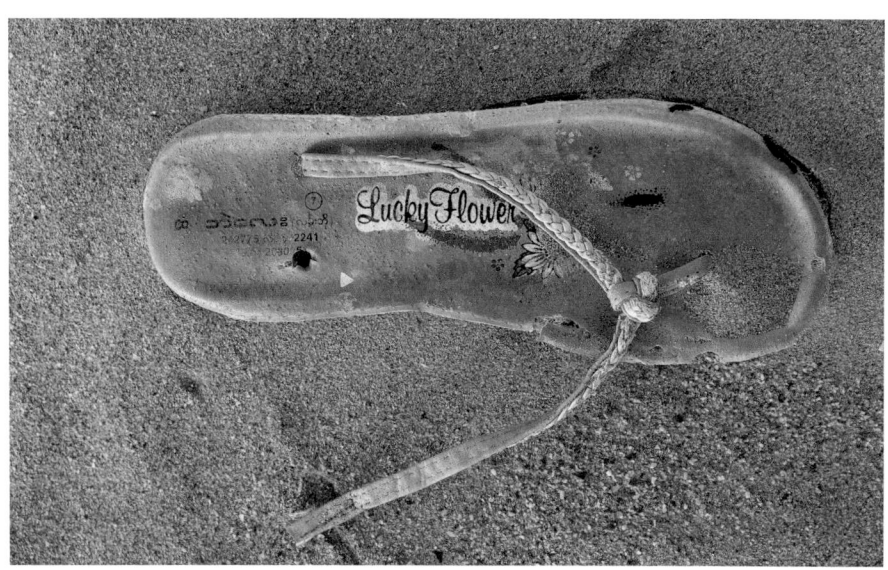

Kaputter Schuh oder Glücksblume oder beides?

Das Wissen um die Wirkung der Sprache und ihr Einfluss auf die beiden Hirnhälften

Ich bin keine Neurologin und merke mir auch nicht die Namen aller Hirnteile. Aber ich weiss, wie sie funktionieren. Im pädagogischen und psychologischen Bereich jedenfalls. Das ist das Wichtigste. Daher formuliere ich es auch für dich ganz einfach.

Alle Sätze wecken Gefühle im Menschen. Diese entstehen im Hirn. Einige von denen, die ich dir angegeben habe: alle jene, die mit **W-Wörtern** beginnen: **Was** ist passiert! **Wie** ist das passiert? **Wer** hat angefangen? **Warum** kommst du nicht rechtzeitig nach Hause! - du wirst sicher selbst noch mehr davon entdecken! - sprechen die linke Hirnhälfte an, den Verstand. Der Mensch ist damit gefühlsmässig nicht zu erreichen– es entsteht keine Verbindung (falsche Telefonnummer), keine emotionale Bindung. Das Ergebnis: Frust, Unzufriedenheit, Ärger, Angst.

Die meisten von mir angegebenen Sätze zur Erreichung und Erhaltung der Unzufriedenheit haben mit Gefühlen zu tun. Sie sprechen nun zwar die rechte Hirnhälfte an, in der die Gefühle entstehen, erreichen den Menschen daher gefühlsmässig - das wäre jetzt die richtige Telefonnummer. Aber sie wirken destruktiv, denn sie erreichen das Angstzentrum. Wenn der Mensch angegriffen wird, wenn Angst entsteht, sei sie ihm bewusst oder noch unbewusst, will er entweder fliehen oder zurückschlagen, dagegen kämpfen, oder er stellt sich tot. Das ist noch immer gleich wie zu Höhlenzeiten. Im Stammhirn hat sich da nichts oder nicht viel verändert. Ergebnis: Die Beziehung ist gestört, die Stimmung miserabel. Das Zuhören oder Lernen fällt schwer, Anweisungen zu folgen ist fast verunmöglicht. Schwierige Zusammenarbeit, null Kooperation, oder wenn, dann mit Widerstand. Da ist wieder Ärger, Wut, Frust, Angst, Unwohlsein, Unzufriedenheit.

Das geheime und gänzlich irrtümliche Ziel der Unzufriedenen ist die Verbreitung der Unzufriedenheit. Sie machen es unabsichtlich und meist unbewusst. Sie fühlen sich abgelehnt und lehnen andere ab. Sie sind verletzt und verletzen deshalb andere. Als wollten sie, dass wir es spüren: „Schau doch, so fühlt es sich an." Eigentlich ist es traurig. Sie sind traurig! Was tun? Wie reagieren?

Die **positiven Sätze**, in der integrativen Psychologie auch Goldsätze und bejahende Sprache genannt vor denen ich am Schluss unter „Achtung, destruktiv!" gewarnt habe, weil sie dir zum Unzufriedensein wenig nützen, ja destruktiv für diesen Zweck sind, erreichen das von den Neurologen so genannte **Selbstbelohnungs-Zentrum**, in dem die **Glückshormone**

ausgeschüttet werden. Dies ist nun wirklich die **richtige Telefonnummer**, wenn du den Mensch erreichen willst. Hier entstehen **angenehme Gefühle**. Die Stimmung ist **wohltuend**. Die Menschen fühlen sich **bedingungslos akzeptiert und geliebt**. Alle Gefühle werden benannt und sind erlaubt. Da ist Verständnis, Mitfühlen. Die Beziehung wird gepflegt, Ängste schrumpfen, es wird zusammen gearbeitet, gelebt, ein wärmendes Klima herrscht. Hier entstehen Verbindungen, **emotionale Bindungen, Sicherheit, Geborgenheit und Zufriedenheit. Kooperation wird gefördert.**
Beste Voraussetzungen auch für Kinder, die sich unter solchen Umständen optimal entwickeln können. Keine Chance, das Ziel, andauernd unzufrieden zu sein, zu erreichen.

Noch einige Gedanken zur Unzufriedenheit

Wie wir die Unzufriedenheit kultivieren und erhalten können, haben wir in den vorherigen Kapiteln gelesen. Aber wie entsteht sie? Und wann beginnt sie? Sind wir denn schon unzufrieden geboren, ist es Veranlagung, Vererbung, oder lernen wir, unzufrieden zu sein?

Es gibt unzählige Gründe für Frust. Menschen, die uns schlecht behandelt haben, ein ungünstiges (unfreundliches) Umfeld, bedrohliche Erziehungsmethoden mit Strafen und Einschüchterungen, unwirtliche Umweltverhältnisse, Traumas wie Unfall, Krankheit, Tod, Krieg, eine endlose Vielfalt von schmerzhaften oder beängstigenden Erlebnissen, die die Urheber für Unsicherheit, Frust und Unzufriedenheit sein können.

Die meisten Ursachen – und deshalb heissen sie ja „Ur" - liegen weit zurück in der Vergangenheit. In den ersten zwei Lebensjahren erleben die meisten Menschen sehr viel Frust, Schmerz und Ärger. In dieser Zeit sind wir total abhängig, empfindlich und verletzlich. Da wir uns an diese Zeit nicht erinnern können, rutschen die Erlebnisse und die damit verbundenen Gefühle ins Unbewusste. Passiert später etwas Ähnliches, tauchen die Gefühle auf, und wir fühlen uns so hilflos, unzufrieden und frustriert wie ein Kleinkind. Damit die versteckten Gefühle auftauchen können, suchen wir uns unbewusst immer wieder die gleichen Situationen. Dies, solange uns dieses Verhalten nicht bewusst und von uns gefühlt wird. Wissen wir aber um die Ursache und Wirkung möglicher Verletzungen aus früherer Zeit, können wir die immer wiederkehrenden Verhaltensmuster ablegen, oder sie können verloren gehen, und wir möglicherweise zufriedener werden. Was wir erinnern können, können wir auch vergessen, richtig loswerden. (Trauma-Heilung).

Alles, was ich oben beschrieben habe, das Verhalten, die Sätze, habe ich in mir oder in anderen erkannt und erst mal verurteilt oder mich daran genervt. Was ich in anderen wahrnehme, ist ein Teil meiner selbst, steckt in mir selbst. Sonst hätte ich es gar nicht wahrnehmen können. Also: was mich an anderen stört, ist ein nicht erlöster Teil meiner selbst. Jedes Mal, wenn du über jemand meckerst, denk dran: das bin ich selber! Autsch! Je mehr du es ablehnst, verurteilst, überhaupt nicht als deinen Anteil ansehen kannst, desto tiefer ist es noch in dir versteckt. Wahrscheinlich täte es zu sehr weh, wenn es bewusst würde. So ist es vorläufig noch unsichtbar, ein Schutz für dich. Ich selbst habe lange an alten Verhaltensmustern festgehalten, und tue dies immer noch dort, wo ich es noch nicht gemerkt habe. Mitunter leide ich dann darunter.

Warum halten wir aber an den alten Mustern und Gewohnheiten fest, selbst wenn es uns weh tut?

Es geschieht aus dem Bedürfnis nach Sicherheit heraus. Lieber Schmerz als unbekanntes Neuland. Die Angst vor Neuem, vor Veränderungen ist natürlich: wir wissen nicht, was uns erwartet. Und es ist noch ein anderer Verlust: worüber soll ich noch klagen, was habe ich für einen Redestoff, und wie kann ich das Interesse meiner Mitmenschen noch auf mich ziehen, wenn es mir immer besser geht und ich nichts mehr zu Jammern habe?! Bin ich dann noch wichtig? Werde ich noch beachtet? Wer bemitleidet mich dann noch? Was geschieht mit meiner Rolle als armes Opfer? Und als glücklicher Mensch habe ich doch sicher mit Neidern zu tun!

Tja, Mitleid ist gratis, aber Neid muss man sich hart erarbeiten!, habe ich mal gehört ...

Und dann ist da noch die grosse Nüchternheit, die sich einstellen kann, wenn die Realität plötzlich oder nach und nach sichtbar wird. Immense Ernüchterung und Leere. Wer hält das schon gerne aus? Wir sehnen uns nach Abwechslung, Reizen, Sensationen. Die Gier nach Neuem treibt uns vorwärts – nun, das ist ja positiv, denn das ist unser Antrieb zum Erfahrungen Sammeln und Lernen. Stimmt. Es ist die Übertreibung, die sich schädlich auswirken kann. Wenn aus Neugier blosse Gier geworden ist. Dann haben wir wieder das Fass ohne Boden, das niemals gefüllt werden kann. Dann konsumieren wir endlos und wahllos, um satt zu werden und werden doch nur immer noch hungriger.

Was kann ich tun? Innehalten und beobachten. Ohne etwas zu tun, ohne aussen zu reagieren, in mich hinein spüren. Spüren, wie ich fast zerplatze vor Wut. Mich auflöse vor Frust und Ärger, untergehe vor Sehnsucht und Trauer. Bleiben. Nicht wegrennen. Nichts auffüllen. Nicht betäuben. Da bleiben und aushalten, fühlen. Bei deinem kleinen (inneren) Kind, das jetzt schreit, dich am Rockzipfel nimmt und heftig zieht. Ich rede dann innerlich mit mir, setze mich im Geist in den Kinderwagen oder auf eine sanfte Schaukel. „Ja, Johanna, ist gut, ja das tut weh, ja, das hat dich jetzt schrecklich verletzt!" So wie ich es mit den kleinen Kindern auch mache, wie ich mit ihnen rede, so spreche ich mit mir.

Und dann ist trotz aller Nüchternheit und Leere eine immense Fülle und Freude. Eine Intensität, die kaum auszuhalten ist. Jede kleinste Kleinigkeit kann dann enorm intensiv auf mich wirken. Die strahlend gelben Herbstblätter.

Ach was sag ich – ein einziges Blatt auf dem Boden. Schattenspiele der Gräser. Ein paar Kinderaugen. Irgendwas. Mein Partner sagt oft, wie schön doch diese Konstruktion ist, diese Schraube, sieh mal, diese Windung, dieses Detail an einem Autoreifen – niemand sieht das! Und doch, so viel Schönheit, Perfektion. Wie der Mensch so etwas schaffen kann. Und die Brücke! Dass sie hält! Alles ist perfekt. So wie es ist. Wunderbar. Ein einziges grosses Staunen. Immer wieder.

Du sagst, was ist mit den eingestürzten Häusern, Busunfällen, Naturkatastrophen? Ja. Traurig und auch grossartig. Diese Macht! Diese Kraft! Ungebändigte Natur! - Und Kriege?
Ich erinnere mich an einen Satz, den ich gehört habe: Wenn die Menschen wirklich Frieden wollten, hätten wir doch Frieden, nicht? Wahrscheinlich gibt es immer noch zu viele Gierige, die von den Kriegen profitieren. Geld. Macht. Und Missbrauch derselben. Das Fass ohne Boden.
Wem oder welchen Ereignissen geben wir nun die Schuld an unserer Unzufriedenheit? Den Eltern? Den Lehrkräften? Der Umwelt? Der Gesellschaft?
Darum geht es hier nicht. Es gibt keine Schuldzuweisungen. Es geht nur darum, zu erkennen, dass es so ist.

Wenn die Unzufriedenheit als unerfüllte Sehnsucht erkannt werden kann, und wir uns auf die Trauer einlassen, wenn Traurigkeit hochkommt, kann Heilung geschehen.

Und im Ernst: Du kannst hart arbeiten, du kannst es zumindest versuchen, du kannst dir so viel Mühe geben, wie du willst. Aber vielleicht wird es dir auch einfach geschenkt. Vielleicht erkennst du dich beim Lesen dieses Büchleins selbst, entdeckst ein paar Muster ... Vielleicht bist du erst mal wütend. Im besten Fall kannst du über dich selbst lachen. Oder über jemanden, der unzufrieden ist und dich bis dahin mit seinem Verhalten genervt hat.

Ich kann nur erzählen, was ich erlebt habe, wie das Leben mit mir gespielt hat. Samenkörner sind gefallen und irgendwann aufgegangen. Mal gleich auf fruchtbaren Boden, vielleicht war ich gerade bereit dazu? Mal dauerte es länger, brauchte es noch ein bisschen mehr Leiden, mal nur einen Satz von jemandem. Viel habe ich gelernt durch Menschen, die mir nahe standen, und die mir durch das Zeigen ihres Frustes meinen eigenen bewusst gemacht haben. Aber dann auch umgekehrt: dass sie mir durch ihren Erfolg, ihr Glücklichsein meinen Neid und den Frust geweckt haben. Das heisst dann, dass ich in meinem Inneren noch unentdeckte Fruste hatte, die dann sichtbar, spürbar wurden.

Die Batterie wurde entladen. Decharge your battery! Heraus damit! Und wird immer noch, und immer wieder. Braucht nur jemand unvermutet auf den Auslöseknopf zu drücken. Ah, da war noch ein Früstchen, noch ein Ärgerlein, noch eine versunkene Verletzung: rauf damit, komm her, ich halt dich, ja weine nur, das tut dir gut. Weinen spült Stresshormone aus dem Körper, macht dich weich. Sage ich zu mir selbst und umarme mich. Dazu brauche ich nicht in Selbstmitleid zu versinken, aber wenn es geschieht, ist es auch für den Moment in Ordnung. Ich falle sozusagen in das Kleinkind hinein, zurück, und werde noch schluchzend, bald lachend, wieder herauskatapultiert, sobald ich es merke. Lande weich in meinem eigenen Schoss und tröste mich.

Enttäuscht zu werden, heisst, merken, dass ich eine Illusion hatte. Eine Vor-Stellung, etwas, das vor die Realität gestellt ist. Vor lauter Sehnsucht habe ich mir was vor-gestellt, und hielt es für wahr. Ent-täuscht sein heisst, die Täuschung ist weg. Meist war es Selbsttäuschung. Jetzt heisst es Abschied nehmen von Träumen, Hoffnungen (!), Wünschen, Sehnsüchten. Jedes wie ein Ballon an der Schnur, die du alle fest umklammert hältst. Und dann - wusch, sind sie ab! Abschied tut meistens weh. Du schaust ihnen heulend nach, erkennst, was schiefgelaufen ist.

Der Job, der Partner, die Frau, die Kinder – sie sind gar nicht so, wie du geglaubt hast. (Glauben!) Jetzt *weisst* du. Wenn du weisst, brauchst du nicht mehr zu glauben. Und plötzlich merkst du: du hältst nichts mehr fest. Also hast du die Hände frei. Wozu? Na, was willst du machen mit leeren Händen? Schau sie dir an. Was wollen die? Wohin zieht es sie? Wollen sie umarmen? Gestalten? Schreiben? Malen? Einen Tennisschläger packen? Einen Tanzpartner? Ein Ruder? Ein Steuerrad? Ah, kannst du jetzt selber steuern? Ist das jetzt die neue Illusion? Kannst du jetzt tun, was dir gefällt?

Warum nicht! Wenn du Freude daran hast, mach es! Die Freude zieht was Neues an. Jetzt bist du nicht mehr frustriert, wenn andere sich freuen? Wunderbar! Dann ist es das Zeichen, dass du tust, was dir gefällt, und das ist, was dir guttut. Jetzt bist du leider aus dem Frustprogramm ausgestiegen ...

Glücklich, wer sich am Glück des Partners freuen kann! Wenn dies geschieht, ist beider Freude doppelt.

Wie ich schon erwähnte, ist nie irgendjemand schuld an deinem noch am eigenen, noch an irgendjemandes Unglück! Das Schuldigsein wurde uns jahrhundertelang eingetrichtert, eingeredet und gepredigt, und wir glauben es immer noch. Aber wir können gar nichts bestimmen, das haben sogar die Neurologen bewiesen. Wenn wir glauben, uns nach reiflichem Überlegen für etwas entschieden zu haben, wurde die Entscheidung schon längst in einem anderen Hirnteil gefällt. Wie kannst du dann für irgendetwas schuld sein! Ja, Auslöser kannst du vielleicht sein. Manche sagen, alles geschieht einfach. Oder das Universum oder die grosse Kraft oder ähnliche Bezeichnungen (früher - und heute umso mehr - musste Gott herhalten), lenkt uns. Der Zufall. (Was uns so zufällt ...) Das Schicksal. Wer oder was auch immer das macht.

Mir gefällt der Ausdruck, dass alles geschieht. Du kannst alles beobachten. Prüfe selbst. Geh den Dingen auf den Grund. Schau zu. Einer hat gesagt: „Wenn ich einen freien Willen hätte, würde ich mich für absolute Glückseligkeit entscheiden. Immer." Aber eben: wer hält das schon aus! „Die unerträgliche Leichtigkeit des Seins"! „Was ist schwerer zu ertragen als eine Reihe von schönen Tagen?" Und: „Wenn es dem Esel zu wohl wird, geht er aufs Eis", sagt ein alter Spruch. Na, dann will er halt *das* erleben. Er kann sich nachher über die blauen Flecken beschweren oder Spass am Schlittschuhlaufen entdecken. Wenn ich mit dem, was geschieht, hadere, bin ich unzufrieden und unglücklich.

Bin ich aber einverstanden mit dem, was geschieht, und ich meine wirklich, dass ich mich dem beuge, nicht aber resigniere(!), dann gibt es Raum für ganz neue Gefühle.

Es ist ein JA zu dem, was ist. JA zu mir selbst.

Ich habe einmal im Leben JA zu mir selbst gesagt. Da war eine ungeheure Kraft und Klarheit. Das hat mein ganzes weiteres Leben über den Haufen geworfen und auf den Kopf gestellt. Es war nicht nur Glückseligkeit! Es war sehr schmerzhaft. Ich habe viele liebe Menschen dadurch verloren und verwirrt, verängstigt und verletzt. Und es gab kein Zurück. Das JA ist bei mir geblieben und begleitet mich. Hat sich verselbständigt. Oft komme ich mir vor wie auf einem Floss auf einem breiten Fluss – manchmal reissend und mächtig, manchmal langsam und träge – einen Fluss, den ich nicht kenne. Das Leben. Hinter mir schon, da liegt die Vergangenheit, die ist bekannt. Aber ich weiss nicht, was vorne kommt. Die unbekannte Zukunft. Sehr spannend! Voller Neugier geh ich auf Entdeckungsreise. Lass mich überraschen. Plane, und schaue dann, was dabei herauskommt. Plane du mal was, wenn du auf einem Floss bist! Ich kann mir sagen, jetzt lasse ich mich eine Weile treiben. Aber wenn dann Stromschnellen kommen? Oder ein Wasserfall? Was TUN? Oder ich will in einer Stunde ans Ufer. Und wenn es dort dann gerade sehr steil ist? Beharre ich darauf? Geht das denn? Oder sage ich, na gut, dann trudeln wir noch eine

Weile weiter, mal sehen, vielleicht geht es später. Was ist entspannter? Wird es mir geschenkt? Was wird mir als nächstes geschenkt?

Und wer ist schuld, dass der Fluss so und so verläuft? Wenn wir keine Wahl haben, wie kann irgendjemand an irgendetwas schuld sein? Wie kannst du dann schuld sein an irgendetwas? An der Scheidung deiner Eltern? Am Tod eines lieben Menschen? An der Lebensführung deiner erwachsenen Kinder zum Beispiel? Wie kannst du sagen, aus denen sei nichts geworden! Was soll denn „aus denen werden"! DIE SIND JA SCHON ALLES, WAS SIE SIND. IMMER SCHON GEWESEN! Und du auch. Auch wenn du tausendmal das Gegenteil gehört hast. Die, die das zu dir sagten, wussten es auch nicht besser, sonst hätten sie ja anders gehandelt.

Alfred Adler hat einmal gesagt: **„Alles, was der Mensch tut, ist eine Antwort, und ohne Zweifel gibt er immer die beste, die er geben kann."**

Na also. Somit tragen alle Menschen ihre eigene Verantwortung, ihre Antwort auf das Leben mit sich. Bestrafe dich nicht mehr selbst, hör auf zu leiden, aber spüre den Schmerz. Nimm ihn in den Arm, weise ihn nicht zurück, denn er ist dein eigenes, kleines Kind, das du einmal warst.
Er weist dir den Weg zur Liebe.

Danke!

Euch allen, meinen mich umgebenden Mitmenschen, danke ich von Herzen für alles, was ich von euch bekommen habe, durch euch erfahren und gelernt habe.

Ganz besonders danke ich meinem Partner **Deva Abhiyana Freitag**. Er hat mich am Computer mit den komplizierten Programmen unterstützt, das Foto für den Umschlag, alle Bilder und unsere Portraits aus seinem Asien-Reise-Archiv hervorgezaubert, ausgesucht, bearbeitet und gestaltet, und mich auch sonst auf dem langen Weg bis zum Druck und der Herausgabe beraten und ermutigt. Durch ihn, mit seiner Art, seinem Humor und seinem Sein, so wie er ist, hat sich der Raum für diese Arbeit, die gar keine Arbeit war sondern reines Vergnügen, der Raum, der sich von selbst ergab - in der sogenannten Wartezeit auf die nächste Reise, - durch ihn hat sich der Raum für dieses lustvolle Schaffen erweitert.

Das Bewusstwerden, was Sätze auf unser Verhalten bewirken, das Einwirken auf linke und rechte Hirnhälfte, und die Auswirkungen auf unser Befinden, unsere Gefühle, unser Zusammenleben, dieses Wissen habe ich der **integrativen Psychologie und Pädagogik von Mària Kenessey** zu verdanken, bei der ich ein paar Jahre zur Schule ging. Durch sie wurde bei mir auch der Sinn für Humor wieder geweckt und lebendig gemacht. Sie sagte oft, dass ihre Lieblingsbeschäftigung „Dornröschen wach küssen" sei ...

Viele der konstruktiven Sätze stammen aus ihrer „Schatzkiste".

Und ich danke euch allen, jenen liebenswerten Unzufriedenen, die ihr mich durch euer Verhalten gelehrt habt, das Helfen im Sinne von Verändern wollen sein zu lassen, und die ihr mir massenweise Material, hauptsächlich Sätze - eure Übungssätze, liebe Lesenden - geliefert habt! Damit habt ihr – unbewusst natürlich – wesentlich zum Zustandekommen dieses Büchleins beigetragen!

**E-Mail-Kontakt Anahita Huber
(Johanna Sprügl):**

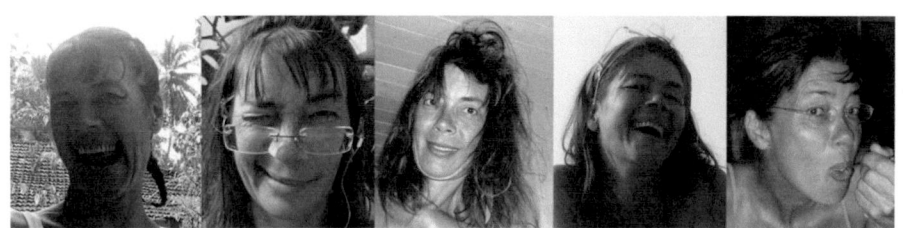

anahita.huber@gmx.net
Homepage: www.immerleichter.ch

E-Mail-Kontakt Abhiyana Freitag:

coco.loco@gmx.ch
Homepage: www.coco-loco.ch

Herstellung und Verlag:
Books on Demand GmbH, Norderstedt
ISBN 978-3-8423-8446-0